Les étoiles…

Caroline Triaureau

Federer, Djokovic et Nadal

Le choc des titans

Editions **Belize**

Les premiers pas

Alors qu'un joli bébé du nom de Rafael Nadal ouvre les yeux le 3 juin 1986 sous le soleil de Manacor, sur la délicieuse île de Majorque (Espagne), le petit Novak Djokovic, qui vient de fêter ses 1 an le 22 mai, fait ses premiers pas à Belgrade, en Serbie. Pendant ce temps, non loin de là, en Suisse, un des plus grands champions de tennis de l'Histoire tient sa première raquette : Roger Federer découvre les plaisirs de la balle jaune, qui ne le quittera plus jamais.

Né le 8 août 1981, à Bâle, Roger (prononce « Rodgeur », à l'anglaise) est élevé au sein d'une famille aux origines mélangées : sa maman est sud-africaine, d'ascendance française et néerlandaise, tandis que son papa est suisse. Le petit garçon grandit dans un esprit de tolérance et de respect envers l'autre. Ce qui ne se démentira pas sur les courts, face à l'adversaire. Très tôt, Roger aime les jeux de balle : il est passionné de foot et de tennis. Mais, à 12 ans, conscient de son potentiel exceptionnel dans les deux disciplines, il doit choisir. Son professeur de tennis, Peter Carter, lui raconte les parcours des plus grands champions, les matchs sensationnels... Les noms tels que Rod Laver – qui sera le modèle du petit Roger – brillent dans la tête du jeune garçon. C'est décidé : ce sera le tennis.

Une seule ambition anime alors l'adolescent : devenir le meilleur. Il observe attentivement le jeu des autres joueurs, étudie les techniques des plus grands, s'entraîne jusqu'à épuisement, en redemande encore, recommence le même geste à s'en faire mal au bras. Et il est sacrément doué. Les progrès sont spectaculaires ! À 14 ans, il fait face à une situation douloureuse : repéré par le Centre national suisse de tennis, une des plus prestigieuses écoles de tennis helvétiques, il quitte sa famille pour suivre le programme de sport-études. C'est difficile de quitter, si jeune, ses parents, sa sœur, ses amis... Mais Roger a déjà l'étoffe d'un grand champion et accepte les sacrifices qu'un tel niveau demande. Ces épreuves vont l'aider à se forger un mental de gagnant prêt à surmonter les difficultés avec courage.

Roger Federer a fréquenté de 8 à 14 ans le club Old Boys de Bâle. Ici, avec Marco Chiudinelli.

Le sport-études

Une section sport-études est une structure spécialisée qui associe l'école et le sport de haut niveau. Les élèves peuvent exercer leur passion pour une discipline tout en suivant leurs études. Pour entrer dans ces sections – qui n'existent pas dans toutes les écoles –, il faut passer un examen d'entrée, où des professionnels évaluent le travail scolaire et les compétences sportives. Le rythme des journées est différent de celui des autres classes : le matin est consacré aux études, tandis que l'après-midi l'élève s'entraîne. Cette section est exigeante, car elle demande beaucoup de sérieux et de travail, aussi bien dans les matières scolaires que sportives.

L'histoire de Novak Djokovic commence par une rencontre qui scellera son destin. Rien ne destine le petit garçon serbe à devenir un grand joueur. Quand ses parents, restaurateurs, s'installent dans la ville de Kopaonik, aucun terrain de tennis ne s'y trouve. Signe prémonitoire : après la naissance du petit garçon, trois courts sont construits juste en face du restaurant familial ! Très vite, Novak se passionne pour ce jeu et vient régulièrement regarder les matchs et les entraînements. L'été 1993 sera déterminant. Jelena Genčić, qui a entraîné de grands joueurs et grandes joueuses comme Monica Seles, organise un camp d'été. Le petit garçon de 6 ans est accroché aux grilles et ne perd pas une miette du spectacle. Jelena le remarque et lui propose de venir échanger quelques balles. Novak saute sur l'occasion. Dès le lendemain, il se présente avec un gros sac. Surprise, Jelena lui demande ce qu'il contient. Fièrement, Novak sort des vêtements bien pliés, une bouteille d'eau et une banane. « C'est un sac de champion ! » s'exclame la jeune femme. Sur le court, elle prend vite conscience du potentiel du petit garçon, qui ne laisse échapper aucune balle. À la fin de la matinée, elle lui demande : « Que veux-tu faire plus tard ? » Sans hésiter, Novak lui répond : « Je veux jouer au tennis. »

Toutefois, les parents de Novak ne sont pas très enthousiastes à cette idée. Ils craignent que leur fils soit trop jeune, qu'il se fasse broyer par la pression ou l'échec. Mais Jelena ne lâche rien : elle est convaincue que ce petit bout d'homme sera un grand champion. Elle trouve les mots qui les rassurent, et quand la guerre éclate en Serbie, les parents sacrifient le peu d'argent qu'ils ont pour envoyer Novak à l'Académie de Nikola Pilić, à Munich, en Allemagne. Comme pour le jeune Federer, la séparation est difficile, d'autant que Novak change de pays, de langue, de culture. De cette épreuve, il tirera une grande adaptabilité, qui lui permettra notamment de s'ajuster au jeu de ses adversaires et de les battre. Et ni Jelena ni ses parents ne se sont trompés : en 2003, à peine âgé de 16 ans, Djokovic entre dans le circuit professionnel de l'ATP.

Les premiers pas de Nadal sur les courts de tennis se font en famille. C'est d'ailleurs son oncle Toni qui va devenir son entraîneur,

Les débuts de Novak Djokovic, 4 ans.

L'ATP

ATP est l'abréviation anglaise de l'Association des joueurs de tennis professionnels (Association of Tennis Professionals). Créée en 1972 par des joueurs professionnels, elle a mis en place un classement qui sert de référence internationale. Aujourd'hui, Federer compte cinq saisons en tant que numéro 1, alors que Djokovic et Nadal sont à égalité avec trois saisons chacun. C'est Pete Sampras qui est resté le meilleur joueur mondial, pendant six saisons consécutives !

son confident, son manager. C'est lui qui le fait jouer de la main gauche, alors que Rafael est droitier. Le coup droit de la main gauche et le revers du jeune joueur deviennent plus puissants. De leur côté, sa mère et son père, qui dirige une verrerie, lui enseignent le respect de l'autre – même si c'est un adversaire – et la modestie. Ces deux qualités feront de Nadal un tennisman estimé des autres joueurs et aimé du public, qui voit en lui un modèle à suivre. Car, par exemple, jamais Rafael ne jettera à terre sa raquette par colère ou déception.

Comme Federer, le jeune garçon a deux passions : le foot et le tennis. Bien que Rafael continue à pratiquer le ballon rond pendant ses heures de détente, il choisit le tennis. Son choix est récompensé rapidement : il remporte le championnat régional des moins de 12 ans ! À 13 ans, son emploi du temps se divise entre l'école, le matin, et le tennis, l'après-midi. Mais cela ne lui suffit pas et, le soir, alors que ses camarades se reposent ou s'amusent, lui continue de frapper la balle sur le court. Quand ses parents déménagent sur le continent espagnol, à Barcelone, le jeune garçon reste sur son île de Majorque. Malgré la douleur de la séparation, c'est une chance pour lui qu'il puisse garder ses repères, ses amis, ses habitudes.

Les talents du jeune garçon sont rapidement reconnus. À tel point que, à 14 ans, il remplace le célèbre Boris Becker, blessé, dans un match d'exhibition à Majorque, où il affronte l'ex-champion de Wimbledon, Pat Cash. Douze ans les séparent. Cash pense ne faire qu'une bouchée de ce petit brun, haut comme trois pommes. Quelle cuisante erreur ! La victoire face à ce monstre du tennis détermine Nadal dans sa voie : il sera champion de tennis ! Et il a raison : dès 2002, à 16 ans, il intègre le circuit mondial de l'ATP !

≈ *Rafael Nadal, 13 ans, et sa grand-mère lors du tournoi des Petits As, à Tarbes (30 janvier 1999).*

Wimbledon

Le tournoi de Wimbledon, ou The Championships, qui se déroule sur gazon, est un des tournois les plus prestigieux. Il porte le nom d'un quartier de Londres, où il est joué tous les ans, en juin-juillet. Créé en 1877, c'est aussi le plus ancien tournoi de tennis au monde. Il fait partie du « Grand Chelem » avec l'Open d'Australie, les Internationaux de France de tennis (Roland-Garros) et l'US Open (États-Unis). Roger Federer détient le record du plus grand nombre de titres à Wimbledon en simple messieurs : 7 trophées ! Mais c'est Djokovic, le tenant actuel du titre.

Une ascension fulgurante

Federer entre dans le circuit professionnel en 1998, lors d'un tournoi de Gstaad, dans sa tendre Suisse natale. Malheureusement, il est battu par le 88e joueur mondial, Lucas Arnold Ker. Tout autre que lui aurait été abattu, mais Roger sait qu'autre chose l'attend. Une chose plus somptueuse, plus grandiose. En parallèle, il achève sa dernière saison en junior sur une double victoire : il remporte le tournoi de Wimbledon en simple (et sans perdre un seul set !) et en double avec Olivier Rochus, affirmant sa place de numéro 1 mondial junior et confirmant les espoirs fondés sur lui.

La saison 1999 commence de façon explosive ! Dès mars, il défend brillamment les couleurs de son pays en remportant son simple contre l'Italie lors de la Coupe Davis. La machine Federer est en marche ! Il dispute ses trois premiers tournois du Grand Chelem : Roland-Garros, Wimbledon et l'US Open. Il finit sa saison 64e mondial, ce qui est un bon présage. C'est en France, à l'Open de Brest, qu'il remporte son premier tournoi sur le circuit professionnel.

Les années suivantes sont marquées par les progrès de Federer, qui prend de plus en plus confiance en lui. Le 6 juillet 2003, il remporte le prestigieux tournoi de Wimbledon et devient le premier Suisse à gagner un titre du Grand Chelem. Un mois plus tard, le jour de son vingt-deuxième anniversaire, le 8 août, il s'incline en demi-finale du tournoi de Montréal, ce qui l'empêche de devenir le numéro 1 mondial. Mais ses victoires à l'Open d'Australie, à Wimbledon et à l'US Open (il réalise ce qu'on appelle « le Petit Chelem ») le propulsent sur cette première marche tant attendue, qu'il conservera jusqu'en 2008, soit cinq années consécutives !

Djokovic vise aussi cette première place, qu'il atteindra le 4 juillet 2011 et qu'il conservera toute la saison, puis en 2012 et 2014.

« *Federer est sur le point de remporter son premier Wimbledon, contre l'Australien Mark Philippoussis (6 juillet 2003, 7-6, 6-2, 7-6).*

Le Grand Chelem

Réaliser le Grand Chelem en tennis est le fait de remporter la même année les quatre tournois majeurs du circuit international organisés par la Fédération internationale de tennis, à savoir :
• L'Open d'Australie, à Melbourne, la troisième semaine de janvier. Surface : dur.
• Les Internationaux de France de tennis (« Roland-Garros »), à Paris, qui commencent la dernière semaine de mai. Surface : terre battue.
• Wimbledon, à Londres, la dernière semaine de juin. Surface : gazon.
• L'US Open, à New York, qui commence la dernière semaine d'août. Surface : dur.

Tout commence en 2006, sur le court de Roland-Garros où le jeune joueur, après avoir balayé trois têtes de séries, parvient en quart de finale. Il se retrouve face à un autre jeune joueur... Rafael Nadal ! Hélas, Djokovic doit s'incliner par forfait, car il s'est blessé au dos. Cependant, ses belles performances lors de cette saison lui valent de finir à la 16e place mondiale, à tout juste 19 ans !

En 2007, il rencontre deux fois le maître incontesté, Roger Federer, contre lequel il s'incline à chaque fois. À l'Open de Miami, il élimine Nadal en quart de finale et remporte le tournoi. Il est le plus jeune vainqueur de ce tournoi et devient alors 7e mondial ! Nadal le bat en demi-finale de Roland-Garros. Consolation : Djokovic reçoit le Prix Bourgeon, qui élit la « révélation du circuit international, sève du tennis du demain ». Il espère prendre sa revanche contre Nadal à Wimbledon mais, lors de leur affrontement en demi-finale, ses blessures l'obligent à abandonner.

En août, au Masters du Canada, il bat successivement Nadal, puis Federer en finale ! Il joue sa première finale d'un tournoi du Grand Chelem à l'US Open face à... Federer, qui conserve son titre. Déçu, Djokovic rentre en Serbie pour se reposer. Il ne se doute pas de ce qui l'attend à sa descente d'avion : une foule nombreuse est là pour l'accueillir triomphalement. Quelle surprise ! Même le Premier ministre, Vojislav Kostunica, est venu pour le féliciter !

Rafael a à peine 16 ans quand il entre dans le circuit professionnel de l'ATP, en 2002, mais il ne se laisse pas intimider. Deux ans plus tard, il joue la finale de la Coupe Davis et gagne son simple messieurs contre Andy Roddick. Bien que, à la surprise générale, il ne soit pas sélectionné pour le double, la prestigieuse coupe revient à l'Espagne ! Rafa est fou de joie et brandit avec fierté son grand trophée, le premier d'une longue liste.

Très rapidement, Nadal se révèle exceptionnel sur la terre battue et, dès 2005, il ne tarde pas à accrocher le Masters ATP de Monte-Carlo et de Rome à son palmarès. En mai, il est numéro 5 grâce à 24 victoires consécutives ! La place de numéro 1 se rapproche... Mais Roger Federer, meilleur joueur mondial, n'entend pas se laisser faire par cet ambitieux

Djokovic au service face à Federer lors de la finale de l'US Open, le 9 septembre 2007. Federer sera le vainqueur (7-6, 7-6, 6-4).

Les Masters

- Le tournoi des ATP World Tour Finals, appelé jusqu'en 2008 Masters Cup, est considéré comme le plus prestigieux après les quatre tournois du Grand Chelem. Il voit s'affronter, en fin de saison, les huit meilleurs joueurs du monde sur un seul tournoi (d'où son ancienne appellation « Tournoi des maîtres »).

- Les ATP World Tour Masters 1000, ou Masters 1000, sont des tournois qui, souvent, pour les étoiles du tennis, font office d'entraînement et de préparation avant les rencontres du Grand Chelem. Entre autres : le Masters de Rome, le Masters de Miami (Floride), d'Indian Wells (Californie), l'Open de Dubaï… Le record de titres en simple est détenu par Rafael Nadal avec 27 titres, devant Roger Federer avec 23 titres et Novak Djokovic avec 23 titres.

gamin et il le balaie en finale du Masters de Miami. Loin d'être abattu par cette défaite, Rafa a un objectif : Roland-Garros. Le début du tournoi parisien s'annonce brillamment pour le jeune Espagnol, qui élimine les Français Sébastien Grosjean et Richard Gasquet. La demi-finale se joue contre Federer. Tenant du titre, ce dernier est totalement submergé par le jeu puissant et rapide de Rafa. Le résultat est sans appel : 1 set gagnant pour Federer, 3 pour Nadal. Lors de la finale, l'Argentin Mariano Puerta rencontre un Nadal déterminé, confiant et précis. Le match est intense, mais c'est Rafa qui soulève, sous les ovations du public, la coupe. *Sa* coupe. Il ne l'embrasse pas, il la mord !

Si Nadal devient le champion incontesté de la terre battue et le chouchou de Roland-Garros, il ne veut pas être cantonné dans une seule catégorie : il veut être le champion de *tous* les tournois, de *toutes* les surfaces. Il veut remporter le tournoi de Wimbledon. À nouveau se dresse, face à lui, son plus grand rival : Federer. Au début, il a du mal à passer les premiers tours. Mais les progrès de Rafa sur gazon s'affirment au fur et à mesure. À la saison 2006, les deux joueurs se rencontrent en finale. Le monde entier est suspendu au bout de la raquette de l'Espagnol : aucun de ses compatriotes n'a remporté le fameux tournoi depuis quarante ans ! Va-t-il s'effondrer sous la pression ? Le premier set s'achève sur un humiliant 6-0... C'est la fin, pensent certains. Tu n'es pas d'accord ? Eh bien, tu as raison : Nadal va se relever et tenir tête à son adversaire. Hélas, l'expérience de Federer fait la différence et il gagne encore une fois. Mais Nadal a prouvé qu'il était désormais un joueur complet, capable de faire trembler Roland-Garros comme Wimbledon !

En finale de Roland-Garros, le 11 juin 2006, Nadal s'impose encore une fois face au numéro un mondial Federer et remporte le tournoi pour la deuxième année consécutive. Il déclare alors : « On gagne plus avec le cœur, avec la volonté qu'avec autre chose. »

Finale de Roland-Garros, le 5 juin 2005, Nadal est sur le point de l'emporter contre l'Argentin Mariano Puerta (6-7, 6-3, 6-1, 7-5).

Roland-Garros

Le tournoi des Internationaux de France de tennis, ou Roland-Garros, est l'un des plus prestigieux du Grand Chelem. Son nom vient de l'aviateur français Eugène Adrien Roland Georges Garros. Né le 6 octobre 1888 à Saint-Denis de La Réunion, il est lieutenant pilote lors de la guerre 1914-1918 et devient célèbre par ses exploits, comme la première traversée de la Méditerranée à bord d'un monoplan, le 23 septembre 1913. Il meurt dans un combat aérien le 5 octobre 1918, à Vouziers (Ardennes).

Quand on construisit le stade de tennis, Émile Lesieur, grand ami et président de l'association du Stade français en charge de la construction, déclara : « Je ne sortirai pas un sou de mes caisses si on ne donne pas à ce stade le nom de mon ami Garros. »

Le dernier vainqueur de Roland-Garros en simple hommes est Nadal (contre Djokovic, le 8 juin 2014). Qui, en 2015 ?

Le choc des titans

La suprématie de Federer va être rapidement remise en cause par l'arrivée de Nadal et de Djokovic sur le circuit professionnel. Maître incontesté du tennis mondial avec 237 semaines consécutives au rang de numéro 1, le Suisse accumule de lourdes défaites dès la saison 2008 : il perd en demi-finale de l'Open d'Australie contre Dkojovic et, à la surprise générale, en finale de Wimbledon contre Nadal. La victoire de l'Espagnol aux jeux Olympiques de Pékin permet à celui-ci d'accéder à la première place mondiale. La saison suivante, Federer tente de prendre sa revanche contre le jeune joueur en finale de l'Open d'Australie et de remporter son quatrième titre. Le match est intense. Aucun des adversaires ne cède de terrain, les balles sifflent et le spectacle est grandiose. Mais au bout de 5 sets, 4 heures et 23 minutes d'échanges, Federer s'incline devant le fougueux Nadal. Les deux champions se retrouvent à nouveau en mai 2010 en finale du Masters de Madrid. Ils ne s'étaient pas affrontés depuis la finale de ce même tournoi, la saison précédente. Le scénario n'est pas favorable au Suisse, qui est battu en 2 sets. Certains spécialistes parlent du « syndrome Nadal » : Federer perdrait ses moyens face à l'insatiable Espagnol.

L'hégémonie du roi Federer n'est plus. Il doit se contenter d'être le numéro 2 mondial, dans l'ombre de Rafa. Mais un autre joueur menace aussi sa suprématie : Novak Djokovic. C'est d'ailleurs ce même joueur qui le bat, en 2009, en finale du tournoi de Bâle, en Suisse, un tournoi qui est considéré comme celui de Federer. Terrible affront pour lui, qui, l'année suivante, cède à Djokovic sa place de numéro 2 et descend sur la troisième marche. C'est la première fois depuis 2003, soit depuis presque sept ans, que Roger n'occupe plus les deux premières places de meilleur joueur mondial ! Foi de Federer, il ne va pas se laisser faire ! Et il met un point d'honneur à récupérer le titre du tournoi de Bâle contre Novak, en novembre 2010. Quelques jours plus tard, il reçoit la récompense du « joueur préféré des fans », supplantant toujours Nadal dans le cœur du public. Soutenu par ses admirateurs, Federer s'envole vers deux belles

⌃ *Revers de Federer lors de la finale du Masters 1000 de Madrid, avant qu'il ne s'incline devant Nadal (4-6, 6-7).*

Le palmarès de Federer

Entré en 1999 sur le circuit ATP, Federer détient 84 titres en simple et 8 en double messieurs. Il a réalisé trois Petits Chelems (2004, 2006 et 2007) et a remporté chaque tournoi du Grand Chelem : 7 fois vainqueur de Wimbledon, 5 fois l'US Open, 4 fois l'Open d'Australie et une seule fois Roland-Garros. Il détient aussi le record de la Masters Cup, avec 6 victoires ! Aux jeux Olympiques de Pékin en 2008, il décroche la médaille d'or en double, puis, à ceux de Londres, en 2012, la médaille d'argent en simple. Il a annoncé vouloir poursuivre sa carrière jusqu'aux jeux Olympiques de Rio, en 2016.

victoires : à la Masters Cup de novembre 2011, il écrase Djokovic en demi-finale et balaie Nadal en finale !

Le 23 janvier 2015, à l'Open d'Australie, le numéro 2 mondial est éliminé dès le troisième tour par l'Italien Andreas Seppi. Deux mois plus tard, il est battu par Djokovic en finale du Masters 1000 d'Indian Wells. Federer est-il en fin de carrière ? En tout cas, il espère bien un retour à la première place mondiale. À suivre…

2011 est l'année de Djokovic

: il affronte Federer à plusieurs reprises et l'élimine sans trop d'efforts. Il le déroute ainsi en demi-finale de l'Open d'Australie avant de s'emparer du trophée ; il le retrouve à l'Open de Dubaï et l'éjecte en 2 sets rapides et sans appel : 6-3, 6-3. Tu connais le proverbe : « Jamais deux sans trois » ? Le pauvre Federer, aussi : au Masters d'Indian Wells, le Serbe remporte le tournoi et égratigne le Suisse : 6-3, 3-6, 6-2.

Leur plus belle confrontation est certainement la demi-finale de Roland-Garros de cette même année. Les deux joueurs s'affrontent en 4 sets. Les coups sont magnifiques. Djokovic utilise sa rapidité de déplacement pour couvrir le terrain et jouer chaque balle. Mais, ce jour-là, le jeu de Federer est excellent et il ne laisse pas de place à son adversaire. Le suspense est intense, le score est serré : 7-6, 6-3, 3-6, 7-6. Et, après trois défaites consécutives contre le jeune Serbe, c'est Federer qui remporte la victoire et gagne sa place en finale contre… Nadal !

Loin de se laisser abattre, Djokovic se concentre sur son prochain objectif : Wimbledon. Federer est le grand favori. Tout le monde attend un duel Nadal-Federer en finale. Surprise ! C'est Novak et Nadal qui se retrouvent sur le mythique court londonien. Avant même que s'engage le bras de fer entre les deux joueurs, le Serbe devient pour la première fois numéro 1 mondial ! (Avec le système des points, les défaites ou victoires des autres joueurs peuvent te faire prendre la première place sans que tu aies joué, comme dans un championnat.) Cela lui donne-t-il des ailes ? En tout cas, il bat presque facilement l'Espagnol en lui infligeant un cinglant 6-1 ! Il s'exclame : « C'est le plus beau jour de ma vie ! »

⌃ Le tout nouveau numéro un mondial Djokovic, en finale de Wimbledon face à Nadal, le 27 juin 2011.
Victoire pour le Serbe (4-6, 1-6, 6-1, 3-6).

Le palmarès de Djokovic

Djokovic a un palmarès impressionnant, avec 51 titres en poche ! Il réalise son Petit Chelem en 2011 et détient le record de victoires à l'Open d'Australie. En 2010, il défend les couleurs de la Serbie lors de la Coupe Davis, qu'il remporte. Aux jeux Olympiques de Pékin, en 2008, il décroche la médaille de bronze en simple mais échoue au pied du podium à Londres, quatre ans plus tard. Avec 23 titres en Masters 1000, 8 victoires en Grand Chelem, il est actuellement le numéro 1 mondial. Mais Roland-Garros lui échappe encore !

Djokovic emporte, le 23 mars 2015, le Masters 1000 d'Indian Wells contre Federer après un match passionnant et, le 5 avril, celui de Miami dans une finale de toute beauté contre Andy Murray.

Nadal et Djokovic se retrouvent en 2012, lors de la finale de l'Open d'Australie. Cette finale restera dans les mémoires comme la plus longue de l'histoire du Grand Chelem : elle a duré 5 heures et 53 minutes ! C'est incroyable ! Les deux joueurs sont épuisés, mais aucun ne veut perdre ! C'est Djokovic qui gagne.

Quelques semaines plus tard s'ouvre Roland-Garros. Djokovic élimine Federer en demi-finale. S'il devient le vainqueur, il réalisera son « Djoko Slam », c'est-à-dire qu'il aura remporté un titre de chaque tournoi du Grand Chelem. Mais si c'est Nadal qui décroche le trophée, il égalisera le record de Bjorn Borg avec sept titres à Roland-Garros. La tension sur le court central est palpable. La pluie s'invite alors dans la rencontre et déstabilise les deux adversaires, qui enchaînent les fautes. Toutefois, Djokovic s'adapte peu à peu à ce jeu « mouillé ». Malgré la pluie qui redouble, l'arbitre ne siffle pas l'arrêt du match. Nadal perd son sang-froid et lance une balle pleine d'eau vers l'arbitre. Le match est reporté au lendemain. Ces conditions de jeu sont difficiles pour les joueurs. Lors de la reprise, Djokovic commet une double faute sur son service, concédant ainsi la victoire à l'Espagnol. Consolation : en 2013, en remportant le tournoi du Masters 1000, Novak devient quand même le joueur qui a battu le plus de fois Rafa sur terre battue depuis 2005 !

Cette même année, au Masters de Cincinnati, Nadal retrouve Federer en finale. Et pour la 21e fois en 31 matchs, l'Espagnol bat son vieux rival. Cette défaite a une conséquence catastrophique pour le Suisse : il dégringole au 7e rang mondial. Heureusement pour lui, il offre une première victoire à son pays lors de la Coupe Davis, en 2014 !

Nadal remporte son 9e Roland-Garros contre Djokovic le 8 juin 2014 après 4 sets très disputés. L'Espagnol n'a pas remporté de tournoi début 2015. Attend-il la terre battue de Roland-Garros pour briller à nouveau ?

≫ *Un 9ᵉ trophée Roland-Garros pour Nadal, ce 8 juin 2014.
Il a battu Djokovic 3-6, 7-5, 6-2, 6-4.*

Le palmarès de Nadal

Surnommé dans son pays « El Matador », Nadal est l'homme de tous les exploits ! Avec 14 victoires en Grand Chelem, il est le recordman incontesté de Roland-Garros : 9 victoires ! Mais il ne se contente pas de la terre battue : il affiche 2 trophées à Wimbledon, 1 à l'Open d'Australie et 2 à l'US Open. Il détient aussi le record du joueur le plus titré en Masters 1000, avec 27 victoires ! Il complète son tableau de chasse avec 1 médaille d'or décrochée aux jeux Olympiques de Pékin en 2008 et 4 Coupes Davis.

Les recettes du succès

Les chemins de Federer, Nadal et Djokovic ont un point commun : leur soif de victoires. Mais chacun, en fonction de son caractère, balaye ses adversaires de manière différente. Retour sur leurs débuts.

Adolescent, le jeune Roger Federer est un joueur techniquement doué, mais il est très exigeant, trop exigeant, et cette qualité se transforme en défaut : il veut tellement marquer des points qu'il n'accepte pas d'en perdre ! Ce refus bloque donc son jeu : Roger s'énerve, ne parvient pas à se calmer, à se maîtriser, et les fautes s'accumulent. Mais son ambition et son esprit de compétition lui permettent petit à petit de prendre confiance en lui et en son jeu. D'ailleurs, sur le court, il affiche à présent un comportement de conquérant, ce qui a pour effet d'impressionner et de déstabiliser ses adversaires. Il se forge un mental d'acier et, imperméable à ce qui l'entoure, il surmonte la pression. Les premiers trophées tombent : en 2003, Roger gagne le prestigieux tournoi de Wimbledon face à un Suédois, Robin Soderling, écrasé par la détermination du jeune homme.

Roger veut gagner, certes, pourtant il déclarera : « Parfois vous êtes juste heureux de jouer. Certains, les médias, ne comprennent malheureusement pas que c'est bien de simplement jouer au tennis et d'en profiter. Ils pensent toujours qu'il faut tout gagner que ça doit toujours être une *success story*, alors que ce n'est évidemment pas l'objectif. »

Novak Djokovic, lui, a une arme fatale contre le stress : l'humour ! Même avant un gros match, il se détend en faisant des blagues ou en imitant les autres joueurs, comme Nadal ou Federer ! C'est sa façon de prendre de la distance et d'évacuer l'angoisse. Et ça marche plutôt bien ! Alors que Federer préfère s'isoler des autres joueurs et descend toujours dans les mêmes hôtels, seul, Novak, lui, s'adapte parfaitement à la vie nomade des grands champions. Ce côté fanfaron lui vaut d'apparaître

⌃ Federer s'est forgé un mental d'acier. Ici, en vainqueur à l'US Open 2007 face à Djokovic.

Les champions et la superstition

Souvent, les grands joueurs, que ce soit au foot, au tennis, au basket, au rugby…, ont des petites manies pour faire venir la victoire. On appelle ça des « superstitions ». Par exemple, quand Nadal arrive sur le court, il apporte toujours plusieurs bouteilles d'eau, boit une gorgée dans chacune d'elles, puis les repose par terre. As-tu aussi remarqué que, quand il joue, il tire son short vers l'avant avant de le replacer ? Manie ou superstition ? Ce geste a toujours bien fait rire les journalistes. Et lui aussi, d'ailleurs ! C'est quand même mieux que, par exemple, porter le même slip ou les mêmes chaussettes plusieurs jours… Pouah !

dans le clip de la chanson *Hello*, de Martin Solveig, tourné en 2010. Il veut concilier travail et plaisir de vivre ! Mais cette approche décontractée n'empêche pas le joueur d'être élu meilleur joueur de tennis de l'année par la FIT (Fédération internationale de tennis) pour la troisième fois, en 2014 !

Novak est soumis à un régime alimentaire particulier, car il est intolérant au gluten. Il modifie alors sa façon de manger, comme il l'explique dans son livre *Service gagnant*. Ce nouvel équilibre alimentaire lui permet de se sentir mieux et son corps souffre moins. Il sait qu'une bonne condition physique est indispensable à la réussite sur le terrain. Surtout que Novak est un joueur rapide et que son corps doit maintenir la cadence intensive des matchs.

Rafael, lui, offre presque une double personnalité :
d'une énergie inépuisable sur le court, il aime aussi « regarder le lever du soleil, et être là, dans le calme et la tranquillité », confie-t-il au journaliste du *Daily Telegraph*. Loin de l'effervescence des tournois, des conférences de presse, des publicités, Rafael va à la pêche pour se ressourcer. C'est aussi un bon moyen pour lui de garder la tête froide et de ne pas devenir vantard ou orgueilleux. De toute façon, son oncle Toni est là pour le mettre en garde !

Comme Federer – qui est un modèle pour le jeune garçon –, il se sert de ses erreurs pour affiner davantage son jeu. Rafael est un indécrottable optimiste : il sait qu'il est capable d'évincer n'importe quel adversaire. Même l'allure dominatrice de Roger ne l'impressionne pas ! Mais le rythme intensif des matchs et les efforts incroyables que son corps doit fournir ne lui laissent pas suffisamment de repos. Il veut tout, et tout de suite. À ses débuts, de nombreuses blessures en témoignent et son entourage s'inquiète pour son avenir. En 2007, épuisé, exténué, blessé, Rafa déclare forfait face à Davydenko lors du Masters de Paris. Ensuite, il ne peut jouer la finale de la Coupe Davis, alors que c'est lui qui a qualifié l'Espagne… C'est pourtant parce qu'il va jusqu'au bout de lui-même qu'il s'impose contre Federer à l'Open d'Australie 2009, après une demi-finale de plus de 5 heures contre son compatriote Verdasco et une cuisante douleur à la cuisse !

≈ Djokovic veut concilier travail et plaisir.
Victoire au tournoi de Wimbledon 2011.

Nadal est un optimiste. »
Le vainqueur
et le deuxième de
Roland-Garros 2011 se
congratulent.

Des techniques performantes

Federer, Djokovic et Nadal sont des adversaires redoutables, car ils sont capables d'adapter leur jeu aussi bien sur la terre battue que sur le gazon.

Le coup droit de Federer est puissant et précis, auquel s'ajoutent une fluidité et une décontraction déconcertantes. Alors que Nadal et Djokovic poussent un cri quand ils frappent la balle, Federer, lui, joue en retenue. Le jeu de Roger est même teinté d'un brin de flegme à l'anglaise : ses frappes semblent relâchées, mues par une force tranquille. Mais, comme dit le proverbe, il faut se méfier de l'eau qui dort, car… soudain, vlan ! le jeu défensif du joueur devient un jeu offensif, et les balles s'accélèrent sans laisser le temps de souffler à l'adversaire. Son point faible reste son revers « lifté », et les adversaires comme Nadal en profitent pour tenter de le pousser à commettre des fautes : au Masters de Monte-Carlo, en 2008, le jeune Espagnol ne lui épargne rien, et la plupart de ses coups (85 %) obligent Federer à faire des revers qui se terminent en fautes directes de sa part.

À l'inverse, le revers de Djokovic est considéré comme l'un des meilleurs aujourd'hui : sa frappe, à plat notamment, lui permet d'accélérer la vitesse de la balle et de la diriger de façon inattendue sur n'importe quelle partie du terrain ! Son deuxième point fort est le retour de service – quand il renvoie la balle de service de son adversaire. Sa rapidité de déplacement et sa capacité d'anticiper le jeu de son adversaire lui permettent de contrer ces balles et d'en prendre le contrôle. Du coup, il est très difficile de mettre un « ace » à Djoko ! Toutefois, il n'aime pas jouer au filet, et son service reste un point faible.

Nadal, comme Djokovic, n'est pas un attaquant pur. Il excelle dans la défense, en exploitant au maximum les faiblesses de ses adversaires. Sa principale technique est le lift qui bloque l'attaque de son

Les coups droits de Federer sont puissants. (ATP World Tour, 7 novembre 2013.) »

˅ *Le revers est un des points forts de Djokovic. (Open d'Australie, 30 janvier 2015.)*

adversaire et oblige celui-ci à défendre. Ce qui laisse le champ libre à Nadal pour l'épuiser physiquement en le traînant d'un bout à l'autre du terrain ! Sa balle liftée est d'autant plus dangereuse que Rafa est gaucher. Pourquoi ? Parce que, en face d'un adversaire droitier, la balle de service du jeune Espagnol vient « s'écraser » sur lui, à cause de l'effet de direction de gauche à droite ; ou encore, le coup droit croisé de Nadal arrive sur le revers de son adversaire... Un cauchemar pour Federer, dont le revers est aussi un point faible !

Avec la puissante musculature de ces joueurs – leur entraînement physique est intensif – et des raquettes hautement performantes, les balles de service atteignent des vitesses incroyables, qui en font de véritables mitraillettes à points ! Si les services de Federer ont une vitesse moyenne de 170 km/h, de 200 km/h pour Djokovic, c'est Nadal qui a explosé le compteur à l'US Open de 2010, avec un service à 217 km/h ! Le record est détenu par Sam Groth, avec un service à 263 km/h !

« *Les balles de service de Nadal peuvent atteindre 217 km/h ! (Roland-Garros, 31 mai 2013.)*

Un peu de vocabulaire technique

Le tennis, comme tout sport, a un vocabulaire qui lui est spécifique. Voici un petit lexique :

• **Service** : mise en jeu par laquelle le serveur envoie la balle dans le carré de service adverse.

• **Manche** (*set* en anglais) : ensemble de 6 jeux. Le premier joueur à gagner 6 jeux avec 2 jeux d'écart remporte la manche. Sinon le jeu se poursuit. Lorsque le score est à égalité (6-6), un 7e « jeu décisif » (*tie-break*) est disputé. Il faut remporter 2 sets pour gagner la partie, sauf en tournoi masculin du Grand Chelem, qui se joue en 3 sets gagnants.

• **Ace** : service gagnant. La balle n'est pas touchée par le receveur, le serveur remportant alors le point.

• **Coup droit** : le joueur frappe la balle du côté où il tient sa raquette. On parle de « coup droit » parce que la plupart des joueurs sont droitiers et frappent donc à droite. Mais avec un gaucher, on pourrait la frappe « coup gauche » !

• **Revers** : le joueur frappe la balle, bras fermé, du côté inverse de la main qui tient sa raquette : le droitier frappe donc par la gauche et le gaucher par la droite.

• **Coup lifté** : mouvement de rotation donné à la balle qui lui fait prendre de la vitesse au moment du rebond et la fait dévier légèrement de sa trajectoire.

• **Balle de match** : dernier point à jouer, qui fait gagner le match au joueur menant au score.

Des hommes de cœur

Federer, Nadal, Djokovic sont conscients que grâce à leur célébrité ils peuvent aider à améliorer le monde, et chacun est très investi dans des causes humanitaires.

Dès 2003, Federer crée sa fondation, la Fondation Roger Federer, dont le but est de secourir les personnes défavorisées, notamment en aidant à développer l'éducation, les sports et les loisirs, comme en Afrique du Sud, au Mali et en Éthiopie. En 2010, il organise des matchs d'exhibition afin de récolter de l'argent pour la population d'Haïti après le terrible tremblement de terre. Nadal et Djokovic y participent.

Djokovic connaît bien l'engagement caritatif, car lui aussi crée sa fondation en 2007, la Novak Djokovic Foundation. Il veut venir en aide à son pays, la Serbie, et à son peuple. Son principal objectif est de permettre aux enfants défavorisés d'avoir accès à l'éducation scolaire. En 2012, il reçoit le prix Arthur-Ashe le félicitant pour son rôle d'ambassadeur de l'Unicef, qui a pour vocation d'assurer à chaque enfant santé, éducation, égalité et protection (comme Federer en 2006 et 2013 et Nadal en 2011). En 2014, son pays subit des inondations exceptionnelles. Novak va faire don de tous ses gains gagnés au Masters de Rome, en mai, pour soutenir les reconstructions et améliorer la vie des sinistrés.

Pour Rafa, le sport peut permettre à des personnes souffrant d'exclusion (handicapés, immigrants, victimes de la pauvreté) de s'intégrer dans la société, d'y trouver leur place. Il crée alors en 2008 la Fundación Rafa Nadal, dont la présidente n'est autre que sa maman, et développe son action en Espagne et dans les pays en voie de développement. En 2010, il inaugure, à Anantapur, ville d'une des régions les plus pauvres d'Inde, une école, la Rafa Nadal Tennis School, qui développe l'accès à l'éducation pour tous, notamment à travers l'apprentissage du tennis.

» *Federer dans une école créée par sa fondation, à Kore Koba, Éthiopie, en 2010.*

« *Djokovic veut permettre l'accès scolaire aux enfants défavorisés.*

» *La Fondation Rafa Nadal organise des matchs amicaux (Madrid, mai 2012).*

Si tu veux en savoir plus…

Tu veux tout connaître sur tes joueurs préférés ? Suivre leurs exploits et dénicher les dernières infos ? Alors n'hésite pas à te connecter sur leurs sites officiels :
- Roger Federer : www.rogerfederer.com
- Novak Djokovic : www.novakdjokovic.com
- Rafael Nadal : www.rafaelnadal.com

Ce qu'ils en pensent

« **Il y aura toujours quelqu'un** qui apparaîtra pour vous compliquer la tâche, pour vous rentrer dedans, pour vous empêcher de développer votre jeu. Il y a des moments d'affrontements physiques qui sont durs à supporter, mais rien en comparaison de ce qu'on endure lorsqu'on rencontre un adversaire qui lit dans vos pensées, qui contrecarre vos plans, qui vous prive de vos armes. » Voilà ce que Federer a déclaré lors d'un affrontement avec Nadal, le « tsunami Rafa ». Il rend ainsi hommage au talent de l'Espagnol et, loin de lui dénigrer sa victoire, le félicite.

Surnommé « le roi de la terre battue », Nadal bat Federer en finale de Roland-Garros 2006. Mais, au lieu de fanfaronner, il montre, au contraire, respect et modestie envers le champion : « Federer est le meilleur joueur de l'Histoire. Personne n'a jamais eu ses qualités », déclare Rafael. Ce respect et cette modestie – qualités que partagent Roger et Novak – séduisent le public qui le soutient de tout cœur ! Même lorsque Nadal bat Federer à Wimbledon en 2008, le jeune prodige espagnol aura des mots justes et sincères envers celui qui, loin d'être un ennemi, est un adversaire de grande qualité : « C'est très dur de jouer contre Roger. Il est excellent, autant dans la victoire que dans la défaite. Il est toujours le numéro 1 et toujours le meilleur. Il en a gagné cinq [tournois de Wimbledon] et moi, un seul. »

Les grands champions savent que leur adversité sur le court renforce leur émulation et les oblige à toujours donner le meilleur d'eux-mêmes, à toujours se dépasser. Comme le confie Djokovic en conférence de presse après ses défaites contre Rafa en 2013, en finale de l'US Open et en demi-finale de Roland-Garros : « Notre rivalité nous a permis à tous les deux de repousser nos limites, on se rend meilleurs mutuellement. Il est devenu un joueur encore plus complet. Après la finale de l'US Open, il fallait que je comprenne ce qu'il fallait faire pour le battre de nouveau. »

≈ *Une franche poignée de mains entre deux champions.*

Entre vie privée et vie publique

Djokovic, Federer et Nadal entretiennent des relations très cordiales avec la presse sportive. Chacun se montre toujours très disponible pour donner des interviews, répondre aux questions des journalistes, participer aux émissions télévisées. Même si on peut dire que cela fait partie de leur « métier », ils s'y prêtent avec le sourire. Est-ce parce que leur investissement signifie aussi un geste d'amitié envers leurs fans ? Mais chacun protège sa vie privée – qui n'appartient qu'à eux et à leur famille. Aussi Nadal avait-il été très affecté quand les journaux ont fait leurs gros titres avec le divorce de ses parents. S'il est nécessaire d'informer, il est aussi indispensable de respecter la liberté de chacun, de faire la différence entre le joueur de tennis et l'être humain.

Quiz

Connais-tu bien Federer, Djokovic et Nadal ? Tu peux tester tes connaissances en jouant à ce quiz. Certaines réponses se trouvent dans le livre mais pas toutes…

1. Qui est le plus âgé de Federer, Nadal et Djokovic ?
2. Combien de manches un match comprend-il ?
3. Quel vêtement Nadal a-t-il remis à la mode à ses débuts ?
4. Quel tournoi du Grand Chelem Djokovic n'a-t-il jamais remporté ?
5. Qui est le joueur numéro 1 mondial actuellement ?
6. De quelle association les 3 tennismen sont-ils ambassadeurs ?
7. Qui est arrivé, portant un masque de Dark Vador, au Masters 1000 de Bercy, en 2012, juste après l'annonce du tournage du 7e épisode de la saga *Star Wars* ?
8. Qui était Roland Garros, qui a donné son nom au stade de tennis parisien ?
9. Quelle est la particularité du tournoi de Wimbledon ?
10. Qui est l'heureux papa de jumelles, en juillet 2009, et de jumeaux, en mai 2014 ?
11. Qui est surnommé « Joker » ?
12. Es-tu capable de citer les 4 tournois du Grand Chelem ?
13. Que fait Nadal quand il remporte le trophée de Roland-Garros ?
14. ATP signifie « Apprentis tennismen professionnels ». Vrai ou faux ?
15. Qui a défendu les couleurs de son pays en double du tournoi d'Umag (Croatie), en 2007, avec son frère ?
16. Lequel des trois joueurs a remporté le Grand Chelem ?

Réponses :

1. Federer.
2. En général 2 manches de 6 jeux chacune. Les tournois du Grand Chelem masculin se jouent en 3 manches gagnantes.
3. Afin d'être plus à l'aise et aussi de montrer ses muscles pour déstabiliser ses adversaires, Nadal portait un débardeur (tee-shirt sans manche). Au début, on s'en est beaucoup moqué, puis le débardeur est redevenu un vêtement à la mode.
4. Djokovic n'a jamais remporté Roland-Garros. Mais sa carrière n'est pas finie. Alors peut-être que...
5. Djokovic (classement au 29 avril 2015).
6. Ils sont tous les trois ambassadeurs de l'Unicef.
7. Djokovic est arrivé sur le court avec le masque de Dark Vador. Malheureusement, la force n'était pas avec lui, car il s'est fait rapidement éliminer.
8. Roland Garros était un grand aviateur français.
9. Le tournoi de Wimbledon se dispute sur gazon.
10. « C'est un miracle ! » s'est exclamé Federer à la naissance de ses deux garçons, ravi d'être l'heureux papa de quatre enfants.
11. « Joker » est un clin d'œil au caractère malicieux de Djokovic. En plus, ce mot est proche de son nom.
12. Les quatre tournois du Grand Chelem sont : l'US Open, les Internationaux de Paris (Roland-Garros), l'Open d'Australie et Wimbledon.
13. Il mord la coupe !
14. Faux. ATP signifie Association of Tennis Professionals, l'Association des joueurs de tennis professionnels.
15. Novak Djokovic a joué avec son frère cadet, Marko, un excellent joueur. Mais ils ont été éliminés par les Français Moncourt et Roger-Vasselin.
16. Aucun. En fait, Federer et Nadal ont remporté ce qu'on appelle le Grand Chelem « en carrière », ce qui veut dire qu'ils ont remporté chaque tournoi du Grand Chelem pendant leur carrière – mais pas en une saison.

Crédits photographiques

© **Presse Sports :** 1re de couverture (h) et p. 25b (P. Lahalle) • 1re de couverture (bd) et p. 26b (N. Luttiau) • p. 3 (E. Haberer) • p. 5 (Dubreuil) • p. 7 (G. Herbaut /L'œil public) • p. 15 (J.M. Colomo/Cordon) • p. 17 (Martin) • p. 19 (N. Luttiau) • p. 21 (Pochat) • p. 23h (Martin) • p. 23b (Lablatinière) • p. 29b (F. Ceciarini/ Cordon) • p. 31 (J. Karmin/Today USA Today Sports).

© **AFP Photo :** p. 2 (Fabrice Coffrini) • p. 5 (Gregorio Cunha) • p. 21 (Martin 1re de couverture (bg) et p. 25h (C. Brunskill/Getty Images) • p. 9 (M. Hewitt/Getty Images) • p. 11 (M. Stockman/Getty Images) • p. 13 (C. Mason/Getty Images) • p. 29h (Fondation Roger Federer/Getty Images) • p. 29m (D. Kambouris/Getty Images pour la Fondation Novak Djokovic).

Conception graphique
Morgane Maudet

Illustrations et mise en pages
Alexandre Fine

Photogravure
William Frey

© Éditions Belize, 2015
www.editions-belize.com

ISBN : 978-2-37204-007-5
N° d'édition : 95
Dépôt légal : juin 2015
Imprimé en Union européenne par Pulsio

Loi n° 49-956 du 16 juillet 1949 sur les publications destinées à la jeunesse, modifiée par la loi n° 2011-525 du 17 mai 2011

Ce projet a bénéficié du soutien du Fonds pour le développement de l'économie du livre en Haute-Normandie